Le Trencadis Littéraire magique

Bruno Jaulin

Préface

1. Le trencadis littéraire est une mosaïque d'écrits où les textes, passages et extraits n'ont aucun lien ou rapport logique entre eux.

2. Au hasard des extraits piochés dans la littérature ou la chanson française, le trencadis vient les assembler sans se soucier de logique, d'ordre apparent ou de lecture cohérente.

3. Un désorde manifeste où le trencadis va cependant imposer sa logique d'ensemble et établir un lien évident entre tous les textes ou les passages extraits de la littérature française; la transformation ou la métamorphose opérée par le trencadis va ainsi redonner une linéarité, une unité et une

cohérence intellectuelle à l'ensemble; comme si la totalité du texte avait été rédigé par un seul et même auteur.

4. Le Trencadis littéraire ne se compose que de passages ou d'extraits des plus grands textes de la littérature française, de quelques paroles de chansons françaises et de rares articles de presse.

4'. Les "guillemets" et la mention de l'auteur à la fin de chaque extrait ont été retirés; non pas pour s'approprier les extraits mais seulement pour tenter de rendre le travail du trencadis plus démonstratif et plus lisible vu que le texte n'est que la combinaison d'une cinquantaine d'auteurs différents liés les uns à la suite des autres.

4". Tous les extraits ou passages littéraires sont néanmoins mentionnés avec précision dans la bibliographie et dans l'ordre de la mosaïque afin de retrouver facilement son auteur.

5. Le choix de retenir la littérature française et les paroles de quelques chansons françaises est que tout un chacun peut les reconnaîtrent et de là acquiescer ou non de la démarche artistique et intellectuelle du trencadis.

6. Et, qu'enfin, le trencadis littéraire offre aux lycéens et aux étudiants du premier cycle un outil pédagogique pour appréhender et commencer à acquérir une culture littéraire solide.

I

Le cerf qui brame au bruit de l'eau,
penchant ses yeux dans un ruisseau,
s'amuse à regarder son ombre. De
rubans piolés s'agencent proprement, et
toute leur beauté ne gît qu'en l'ornement.
Regarde sans frayeur la fin de toutes
choses; consulte le miroir avec des yeux
contents au lieu de chercher Rome en
ses vastes débris. Sors de ta nuit
funèbre et permets que j'admire les
divines clartés des yeux qui m'on brûlé.
La nuit a retiré ses voiles devant nos
yeux et les bêtes tremblent de voir le
Soleil. Que mes yeux sont contents de
voir ces bois aussi beaux et verts. Ce
vieux chêne a des marques saintes;
sans doute qui le couperait le sang
chaud en découlerait et l'arbre
pousserait des plaintes. Pour laisser
arriver le soir, je te prie allons nous
asseoir sur le bord de cette fontaine. La
mort parmi les cris et les alarmes, les

feux, les glaives et les dards, le bruit et la fureur des armes vous parut avoir quelques charmes et vous sembla belle autrefois; n'a-t-elle pas une autre mine lorqu'à pas lents elle chemine vers un malade qui languit ? Et semble-t-elle pas bien laide quand elle vient tremblante et froide prendre un homme dans son lit ?...Ci gist un petit garçonnet qui mourut par les mains cruelles de deux mechantes demoiselles sur le chemin de Bagnolet. Mais son trepas fut glorieux autant que sa mort fut cruelle puisqu'il mourut devant les yeux de la princesse la plus belle. Mademoiselle, je suis sortie de l'Europe. Mais la mer qui est entre vous et moi ne peut rien éteindre de la passion que j'ai pour vous. Des minois ravissants, jolis teints éclatants, des sourires charmants, des cheveux merveilleux. Tous les yeux noirs ou bleus ont l'air malicieux. Tout ce qu'on voit, c'est joli; c'est mignon, c'est gentil. Les yeux sont ravis mais ce qu'elle a de meilleur et que l'on ne voit pas, c'est son coeur. Oui. Ce que je trouve de plus extraordinaire, en Mme Mazarin, c'est qu'elle inspire toujours de nouveaux désirs; que dans l'habitude d'un commerce continuel, elle fait sentir toutes les tendresses et les douceurs d'une passion naissante : c'est la seule femme pour qui l'on puisse être éternellement constant, et avec laquelle on se donne, à toute heure, le plaisir de l'inconstance. Jamais on ne change, pour sa personne : on change à tout moment, pour ses traits; et on goûte en quelque façon cette joie de vivre et nouvelle qu'une infidélité en amour nous fait sentir.

Nous ne choisissons pour notre roi que le plus faible, le plus doux, et le plus pacifique. Nous le choisissons doux afin qu'il ne haïsse ni se fasse haïr de personne et nous voulons qu'il soit d'une humeur pacifique pour éviter la guerre, le canal de toutes les injustices. S'il se rencontre seulement trois oiseaux mal satisfaits de son gouvernement, il en est dépossédé, et l'on procède à une nouvelle élection. Comme la multitude des lois fournit souvent des excuses aux vices, en sorte qu'un Etat est bien mieux réglé lorsque n'en ayant que fort peu elles y sont fort étroitement observées; ainsi au lieu de ce grand nombre de préceptes dont la logique est composée, je crus que j'aurais assez des quatres règles de la méthode. La première règle morale etait d'obéir aux lois et coutumes de mon pays et me gouvernant en toute autre chose suivant les opinions les plus modérées et les plus éloignées de l'excès. La seconde était d'être le plus ferme et le plus résolu en mes actions et de ne suivre pas moins constamment les opinions les plus douteuses. Loing d'icy, Muse serieuse, va-t'en chercher quelqu'autre employ ! Je n'ay aucun besoin de toy. Tu ne peus m'estre que fascheuse : va t-en, je seray satisfait ! En deux mots, tu n'es pas mon fait. J'en veux quelqu'autre qui m'inspire. De quoy contenter mon desir.

Laissons cela, Zéphire, et me dis si tes yeux ne trouvent pas Psyché la plus belle du monde ? Est-il rien sur la terre, est-il rien dans les cieux qui puisse lui ravir le titre glorieux de beauté sans seconde ?

II

Ami lecteur, j'expose au public une petite machine de mon invention, par le moyen de laquelle seul tu pourras, sans peine quelconque, faire toutes les opérations de l'arithmétique, et te soulager du travail qui t'a souvent fatigué l'esprit. L'homme est visiblement fait pour penser, c'est toute sa dignité et tout son mérite. Tout son devoir est de penser comme il faut; et l'ordre de la pensée est de commencer par soi, par son auteur,et sa fin. Cependant à quoi pense-t-on dans le monde. Jamais à cela; mais à se divertir, à devenir riche, à acquérir de la réputation, à se faire Roi, sans penser à ce que c'est d'être Roi, et d'être homme. Depuis plus d'une semaine, je n'ai trouvé personne à qui rompre les os; la vigueur de mon bras se perd dans le repos et je cherche quelque dos pour me remettre en haleine. Qui va là ? Moi. Qui, moi ? Moi. Quel est ton sort, dis-moi ? D'être homme et de parler. Es-tu maître ou valet ? Comme il me prend envie. Où s'adressent tes pas ? Où j'ai dessein d'aller. Ah ! ceci me déplaît. Il appelle la Mort. Elle vient sans tarder, lui demande ce qu'il faut faire "c'est dit-il afin de m'aider à recharger ce bois". Le trépas vient tout guérir; mais ne bougeons d'où nous sommes. Plutôt souffrir que mourir, c'est la devise des hommes. Charles Guinant : "Ma chérie, je t'écris pour te dire que je ne reviendrai pas de la guerre. S'il te plaît, ne pleure pas, sois forte. Le dernier assaut m'a coûté mon pied gauche et ma blessure s'est infectéé. Les médecins disent qu'il ne me reste que quelques jours à vivre. Quand cette lettre te parviendra, je serai peut-être mort. Dans ta dernière lettre, tu m'as dit que tu étais enceinte depuis ma permission d'il y a deux mois. Quand notre enfant naîtra, tu lui diras que son père est mort en héros pour la France. Et surtout, fais en sorte à ce qu'il n'aille jamais dans l'armée. Je t'aime, j'espère qu'on se reverra dans un autre monde, je te remercie pour tous les merveilleux moments que tu m'as fait passer, je t'aimerai toujours. Adieu". De son bec, il a touché ma joue. Dans sa main, il a glissé son cou. C'est alors que je l'ai reconnu. L'aigle noir dans un bruissement d'ailes prit son envol pour regagner le ciel. Le vrai tombeau des morts, c'est le coeur des vivants.

III

Les mathématiques, la physique, sont des sciences dont le joug s'appesantit sur les savants : à la fin il y faudrait renoncer, mais les méthodes se multiplient en même temps; le même esprit qui perfectionne les choses en y ajoutant de nouvelles vues, perfectionne aussi la manière de les apprendre en l'abrégeant, et fournit de nouveaux moyens d'embrasser la nouvelle étendue qu'il donne aux sciences. Un savant de ce siècle contient dix fois un savant du siècle d'Auguste, mais il a eu dix fois plus de commodités pour devenir savant. Il est impossible de connaître certainement que la vérité qui nous paraît est la vérité absolue; car tout ce que nous pouvons faire est d'être pleinement convaincus que nous tenons la vérité absolue, que nous ne nous trompons point, que ce sont les autres qui se trompent. Assurons-nous bien du fait avant que de nous inquiéter de la cause. Il est vrai que cette méthode est bien lente pour la plupart des gens qui courent naturellement à la cause et passent par dessus la vérité du fait; mais enfin nous éviterons le ridicule d'avoir trouvé la cause de ce qui n'est point. Je gage que je vais vous réduire à avouer, contre toute raison, qu'il pourra y avoir un jour du commerce entre la terre et la lune. Il est vrai qu'il faudra traverser ce grand d'espace d'air et de ciel qui est entre la terre et la lune; mais ces grandes mers paraissaient-elles aux Américains propres à être traversées ? Remettez-vous dans l'esprit où était l'Amérique avant qu'elle eût été découverte par Christophe Colomb. Ses habitants vivaient dans une ignorance extrême; ils regardaient la mer comme un grand espace défendu aux hommes qui se joignait au ciel et au delà duquel il n'y avait rien...Cependant voilà un beau jour le spectacle du monde le plus étrange et le moins attendu qui se présente à eux. De grands corps énormes qui paraissent avoir des ailes blanches, qui volent sur la mer, qui vomissent le feu de toutes parts, et qui viennent jeter sur le rivage des gens inconnus...D'où sont-ils venus ? Qui a pu les amener par dessus les mers ? L'art de voler ne fait encore que de naître; il se perfectionnera et quelque jour on ira sur la lune. De grâce, consentons qu'il y ait quelque chose à faire pour les siècles à venir. Neil Armstrong est le premier homme qui pose le pied sur la Lune, "C'est un petit pas pour l'homme, un pas de géant pour l'humanité" disait-il. Après un transit entre la lune et la terre d'une durée de quatre jours, Armstrong embarque à bord d'Apollo pour entamer sa descente vers le sol lunaire. Airbus dévoile à ses employés les suppressions de postes qu'entraînera l'an prochain sa restructuration, les syndicats les évaluant à plus de 1.300 en France et en Allemagne, de quoi faire craindre des licenciements secs. Je t'enseignerai que toutes choses sont divinement naturelles. Je te parlerai de tout. Je mettrai dans tes mains, petit pâtre, une houlette sans métal, et nous guiderons doucement, en tous lieux, des brebis qui n'ont encore suivi aucun maître. Pâtre, je guiderai tes désirs vers tout ce qu'il y a de beau sur la terre. Nathanaël, je veux enflammer tes lèvres d'une soif nouvelle, et puis approcher d'elles des coupes pleines de fraîcheur. J'ai bu; je sais les sources où les lèvres se désaltèrent. Nathanaël, je raconterai les sources. Il est bon, dans les écrits, de différer sa pensée verbale et de demeurer ou rentrer dans les non-signes avant de passer au langage. Le langage achève trop tôt la pensée. Il la déforme gravement par ses mots et ses moules qui sont par eux-mêmes une vraie décision, un parti qui est pris sur le fond. C'est pourquoi il serait utile de posséder plusieurs langages à bases différentes, soit langues très profondément étrangères, soit langues artificielles. X ne comprend pas ce texte. Il imagine où il ne faut pas. Il raisonne où il ne faut pas. Il ne fait pas ce qu'il faut. Aussi loin que la vue s'étende, elle n'embrasse que des mots. 1664 : quatre chiffres, une bière. Allianz : avec vous de A à Z. Je me couchai ensuite sur la fosse, le visage tourné vers le sable, et, fermant les yeux avec le dessein de ne les ouvrir jamais, j'invoquai le secours du ciel et j'attendis la mort avec impatience. Pendant tout l'exercice de ce lugubre ministère, il ne sortit point une larme de mes yeux ni un soupir de ma bouche. Qu'un homme ait la force d'être sincère, vous verrez un certain courage répandu dans tout son caractère, une indépendance générale, un empire sur lui-même égal à celui qu'on exerce sur les autres, une âme exempte des nuages de la crainte et de la terreur, un amour pour la vertu, une haine pour le vice, un mépris pour ceux qui s'y abandonnent. D'une tige si noble et si belle, il ne peut naître que des rameaux d'or. Il faut reconnaître qu'il existait pas de raisons sérieuses de détruire physiquement ceux qui ponctuellement s'opposaient à la ligne du parti. C'est pour justifier leur élimination qu'on a introduit cette formule d'"ennemi du peuple". Ce qui s'est produit, le 1er février 1954, ce fut véritablement la renaissance d'une âme commune, la résurrection d'une volonté commune d'empêcher que des innocents souffrent d'une manière aussi stupide.

IV

Le commerce, qui a enrichi les citoyens en Angleterre, a contribué à les rendre libres, et cette liberté a étendu le commerce à son tour; de là s'est formée la grandeur de l'Etat...Je ne sais pourtant lequel est le plus utile à un Etat ou un seigneur bien poudré qui sait à quelle heure le roi se lève, à quelle heure il se couche, et qui se donne des airs de grandeur en jouant le rôle d'esclave dans l'antichambre d'un ministre, ou un négociant qui enrichit son pays, donne de son cabinet des ordres à Surate et au Caire, et contribue au bonheur du monde. Ce matin dans ma chambre, un papillon est entré par la fenêtre et s'est posé à mon chevet en déployant ses ailes, en agitant ses antennes tout près de ma tête. Puis, il s'est envolé par la fenêtre...Que voulait-il me dire, me confier ? Il y a dans les hommes de génie, poètes, philosophes, peintres, orateurs, musiciens, je ne sais quelle qualité d'âme particulière, secrète, indéfinissable, sans laquelle on n'exécute rien de très-grand et de beau. Est-ce l'imagination, le jugement, l'esprit....? Non. C'est une machine rare, une sorte d'esprit prophétique. La paix se gagne comme la guerre et sa seule arme est le travail. En détourner un peuple, c'est le désarmer et préparer sa servitude; le lui faire aimer, au contraire, c'est le rendre fort et maitre de ses destinées. Le taux de chômage en France est de 10% de la population active, les jeunes étaient la priorité; mais en quatre ans, plus de pauvres, plus de dettes... La fête d'Halloween dégénére à Rennes: voitures incendiées, mobilier urbain détruit et affrontements avec la police ponctuent la nuit à travers toute l'agglomération. Des échauffourées ont éclaté en plusieurs endroits de la ville. Le calme n'est revenu qu'au petit matin. Pompiers caillassés, poubelles incendiées...Parmi les incidents recensés, deux camions de pompiers sont caillassés, des jets de pierres brisent la vitre d'un bus, et trois véhicules sont incendiés. Au moins une personne est blessée lors de ces échauffourées et elle a été prise en charge par les sapeurs-pompiers. Aujourd'hui sera l'dernier jour de mon existence. La dernière fois qu'j'ferme les yeux, mon dernier silence. Aujourd'hui, j'mettrai ni ma chemise, ni ma cravate. J'irai pas au travail, j'donnerai pas la patte. Adieu les employés, adieu les représentants grassouillets, adieu les vieux comptables séniles, adieu les jeunes cadres fraîchement diplômés....adieu les sans papiers, les clochards, tous ces tas d'déchets. Détonnation !... Il y a dans moi un dérangement, une sorte de délire, qui n'est pas celui des passions, qui n'est pas non plus de la folie : c'est le désordre des ennuis; c'est la discordance qu'ils ont commencé entre moi et les choses; c'est l'inquiétude que des besoins longtemps comprimés ont mis à la place des désirs. Ma patrie est partout où rayonne la France, où son génie éclate aux regards éblouis ! Je suis concitoyen de tout homme qui pense : "La vérité, c'est mon pays ! " Le moyen âge agonise aux quinzième et seizième siècles, quand l'imprimerie, l'antiquité, l'Amérique, l'Orient, le vrai système du monde, ces foudroyantes lumières, convergent leurs rayons sur lui.

V

Ce qui se passe en Serbie démontre la nécessité des Etats-Unis d'Europe. Qu'aux gouvernements désunis succèdent les peuples unis. Finissons-en avec les empires meurtriers...Plus de guerres, plus de massacres, plus de carnages; libre pensée, libre échange; fraternité. Il faut à l'Europe une nationalité européenne, un gouvernement un, un immense arbitrage fraternel, la démocratie en paix avec elle-même, toutes les nations soeurs ayant pour cité et pour chef-lieu Paris, c'est à dire la liberté ayant pour capitale la lumière. En un mot, les Etats-Unis d'Europe. C'est là le but, c'est là le port. Ceci n'était hier que la vérité; grâce aux bourreaux de la Serbie, c'est aujourd'hui l'évidence. Un jour viendra où vous France, vous Russie, vous Italle, vous Angleterre, vous Allemagne, vous toutes, nations du continent, sans perdre vos qualités distinctes et votre glorieuse individualité, vous vous fondrez étroitement dans une unité supérieure absolument comme la Normandie, la Bretagne, la Bourgogne, la Lorraine, l'Alsace, toutes nos provinces, se sont fondues dans la France. Un jour viendra où il n'y aura plus d'autres champs de bataille que les marchés s'ouvrant au commerce et les esprits s'ouvrant aux idées. Un jour viendra où les boulets et les bombes seront remplacés par les votes, par le suffrage universel des peuples.

VI

Ce n'est donc pas une exagération de dire que la science renferme l'avenir de l'humanité, qu'elle seule peut lui dire le mot de sa destinée et lui enseigner la manière d'atteindre sa fin. Jusqu'ici ce n'est pas la raison qui a mené le monde : c'est le caprice, c'est la passion. Un jour viendra où la raison éclairée par l'expérience ressaisira son légitime empire et conduira le monde non plus au hasard mais avec la vue claire du but à atteindre. Notre époque de passion et d'erreur apparaîtra alors comme de la barbarie ou comme l'âge capricieux...la science qui gouvernera le monde, ce ne sera plus la politique. La politique disparaîtra en tant qu'art spécial...la science maîtresse, le souverain d'alors, ce sera la science qui recherche le but et les conditions de la société. Organiser scientifiquement l'humanité, tel est donc le dernier mot de la science moderne, telle est son audacieuse, mais son légitime prétention. Pour tout dire, nous ne voyons pas les choses mêmes; nous nous bornons, le plus souvent, à lire des étiquettes collées sur elles. Cette tendance, issue du besoin, s'est encore accentuée sous l'influence du langage. Car les mots (à l'exception des noms propres) désignent des genres. Le mot, qui ne note de la chose que sa fonction la plus commune et son aspect banal, s'insinue entre elle et nous, et en masquerait la forme à nos yeux si cette forme ne se dissimulait déjà derrière les besoins qui ont créé le mot lui-même. Et ce ne sont pas seulement les objets extérieurs, ce sont aussi nos propres états d'âme qui se dérobent à nous dans ce qu'ils ont d'intime, de personnel, d'originalement vécu....Mais le plus souvent, nous n'apercevons de notre état d'âme que son déploiement extérieur. Nous ne saisissons de nos sentiments que leur aspect impersonnel, celui que le langage a pu noter une fois pour toutes parce qu'il est à peu près le même, dans les mêmes conditions, pour tous les hommes. Ainsi, jusque dans notre propre individu, l'individualité nous échappe....nous vivons extérieurement aux choses, extérieurement aussi à nous-mêmes. Ainsi, l'art n'a d'autre objet que d'écarter les symboles pratiquement utiles, les généralités conventionnellement et socialement acceptéés, enfin tout ce qui nous masque la réalité, pour nous mettre face à face avec la réalité même. Le principal trait de mon caractère : le besoin d'être aimé et, pour préciser, le besoin d'être caressé et gâté bien plus que le besoin d'être admiré. La qualité que je désire chez un homme : des charmes féminins. La qualité que je désire chez une femme : des vertus d'homme et la franchise dans la camaraderie. **Comment j'aimerais mourir : meilleur et aimé. Etat présent de mon esprit : l'ennui d'avoir pensé à moi pour répondre à toutes ces questions. Fautes qui m'inspirent le plus d'indulgence : celles que je comprends. Ma devise : j'aurais trop peur qu'elle me porte malheur. Je crois aussi qu'ici, comme partout, les phrases nous trompent, car le langage nous impose plus de logique qu'il n'en est souvent dans la vie; et que le plus précieux de nous-même est ce qui reste informulé*.**

VII

L'Europe va-t-elle garder sa prééminence dans tous les genres ? L'Europe deviendra-t-elle ce qu'elle est en réalité, un petit cap du continent asiatique ? Ou bien l'Europe restera-t-elle ce qu'elle paraît, c'est à dire : la partie précieuse de l'univers terrestre, la

perle de la sphère, le cerveau d'un vaste corps ?

Malgré sa faible étendue, l'Europe domine le tableau. Par quel miracle ? Certainement le miracle doit résider dans la qualité de sa population. Cette qualité doit compenser le nombre moindre des hommes, le nombre moindre des milles carrés, le nombre moindre des tonnes de minerai qui sont assignés à l'Europe. Mettez dans l'un des plateaux d'une balance l'empire des Indes; dans l'autre, le Royaume-Uni.

Regardez : le plateau chargé du poids le plus petit penche ! Voilà une rupture d'équilibre bien extraordinaire. Mais ses conséquences plus extraordinaires encore : elles vont nous faire prévoir un changement progressif en sens inverse.

VIII

Un jour la Terre ne sera qu'un aveugle espace qui tourne. Confondant la nuit et le jour sous le ciel immense des Andes, elle n'aura plus de montagnes même pas un petit ravin...A la place de la forêt, un chant d'oiseau s'élèvera que nul ne pourra situer, ni préférer, ni même entendre.**Il m'a semblé que le ciel s'ouvrait sur toute son étendue pour laisser pleuvoir du feu. Tout mon être s'est tendu et j'ai crispé ma main sur le revolver. La gâchette a cédé, j'ai touché le ventre poli de la crosse et c'est là, dans le bruit à la fois sec et assourdissant, que tout a commencé. J'ai secoué la sueur et le soleil. J'ai compris que j'avais détruit l'équilibre du jour, le silence exceptionnel d'une plage où j'avais été heureux. Alors, j'ai tiré encore quatre fois sur un corps inerte où les balles enfonçaient sans qu'il y parût. Et c'était comme quatre coups brefs que

je frappai sur la porte du malheur***.
Cette nuit de brume était sa dernière
nuit, et il en était satisfait. Il allait
sauter avec la voiture, dans un éclair en
boule qui illuminerait une seconde cette
avenue hideuse et couvrirait un mur
d'une gerbe de sang****. Je prévois pour
les années à venir une augmentation
des violences raciales en Europe; tout
cela se terminera en guerre civile; tout
cela se réglera à la Kalachnikov(1). La
vie dans notre métropole aujourd'hui
m'affole, Paris s'étend maintenant
jusqu'à Perpignan. Lune ma banlieu
garde-moi ma petite place. Deux pas
dans les cieux m'ouvrent l'espace*****.

IX

(FIN)

Comme des morceaux de mosaïque, les
éclats littéraires trouvent d'eux-mêmes
le lien ou la logique invisible qui les

assemblent; l'architecture invisible du trencadis vient redonner un sens homogène et cohérent à l'ensemble sans oublier son inspiration divine et ses prophéties auto-réalisatrices. Magie du Trencadis ! Magie littéraire !

BIBLIOGRAPHIE :

I

Téophile de Viau (La solitude. Ode XII)

Régnier (Les Satires : Satire IX à Rapin)

Maynard (La Belle Vieille)

Théophile (Le Matin. Ode XI)

Tristan L'Hermite (Le Promenoir des deux amants)

Vincent voiture (Epître à Monseigneur le prince sur son retour d'Allemagne; Epitaphe)

Mistinguett (La petite femme de Paris)

Charles de Saint-Evremond (Portrait de Mme la duchesse Mazarin)

Cyrano de Bergerac (Les Etats et empires de la Lune et du Soleil)

René Descartes (La méthode; le discours de la méthode)

Claude Le Petit (La chronique scandaleuse)

Corneille (Psyché)

II

Blaise Pascal (La Machine d'arithmétique; Pensées IX Injustice,et corruption de l'homme)

Molière (Amphitryon, Editions Chasles)

Lafontaine (Fables, La mort et le Bûcheron)

Barbara (L'aigle noir)

Jean cocteau (Citation, Le Tombeau des morts)

III

Pierre Bayle (Commentaire Philosophique)

Fontenelle (Histoire des orcles, chapitre IV Première dissertation; Digression sur les Anciens et les Modernes; Entretiens sur la pluralité des mondes, Second soir)

Wikipedia (Neil Armstrong)

Figaro.fr Actualité (Airbus)

André Gide (Les nourritures terrestres p.112)

Paul Valéry (cahiers X)

Slogans publicitaires (Allianz,...)

L'abbé Prévost (Manon Lescaut, seconde partie)

Montesquieu (Eloge de la sincérité)

Nikita Khrouchtchev (Citation wikipedia)

L'abbé Pierre (Citation 1er février 1954)

IV

Voltaire (Lettres Anglaises, X)

Poème Guenrikh Sapguir (Le papillon)

Diderot (le génie)

Edouard Branly

Figaro.fr Actualité (Chômage en France)

Le dauphiné.com Actualité (Emeutes à Rennes)

Orelsan_(suicide social)

Senancourt Oberman (lettre XXII)

Lamartine (La Marseillaise de la paix)

Jules Michelet, Histoire de France, tome 7 Renaissance, introduction (Gallica.fr)

V

Hugo (Pour la Serbie, 1876; Discours d'ouverture du Congrès de la Paix)

VI

Renan (L'avenir de la science, Chapitre II)

Bergson (Essai sur la signification du comique, Chapitre III)

Questionnaire de Proust

Gide_(Les nouvelles nourritures; Folio p.223*)

VII

Paul Valéry (La crise de l'esprit, Deuxième Lettreo)

VIII

Supervielle (Gravitations** chez Gallimard)

Camus (L'étranger*** chez Gallimard)

Malraux (La condition humaine****)

Houellebecq   (Plateforme   chez Flammarion, (1)

Guy Béart (Lune ma banlieu*****)